Coquelicot

Maëlle Navarre

Coquelicot

Poèmes

© 2023, Maëlle Navarre
Édition : BoD - Books on Demand, info@bod.fr
Impression : BoD – Books on Demand,
In de Tarpen 42, Norderstedt (Allemagne)
Impression à la demande
ISBN : 978-2-3224-8668-7
Dépôt légal : Août 2023

Ces poèmes ont été rédigés lors de ces six derniers mois.
Tout droit sortis de mes notes de téléphone pour venir s'ancrer dans le papier.

Racine

Au contact de l'eau,
elle a frotté sa peau,
elle s'en est douloureusement irritée
voulant faire partir les traces qu'il lui
avaient laissées,
insuffisant, elle s'est mise à
l'arracher
jusqu'au sang,
ses cuisses, sa poitrine, son ventre,
il l'avait gravée
et avec une délicatesse que lui seul
connaît,
il l'avait colorié
sous le passage de ses mains
de même nuance que les yeux
dont il avait dit, d'un sourire amer,
être tombé amoureux.

Ce que la douche ne peut effacer.

Elle se tenait tout près de moi,
mais si loin de l'au-delà,
son visage et ses mains si froides,
j'aurai tant voulu qu'elle soit là.

Déjà elle me manquait,
sa joie, ses larmes, son rire,
sa peur, ses pleurs et son sourire,
elle n'aurait pas dû s'envoler.

Est-ce l'amour qui existe ou la folie qui réside ?

Elle s'envole et survole
de cet arbre, elle se détache
pour dériver et survoler
avant de simplement se poser.

Elle aura pour seul but,
partant de l'arbre son début
à la recherche de l'être cherché
de trouver avant de succomber.

Une feuille

Suis-je la seule à n'avoir jamais rêvé de fumer ?

Je lui ai promis que je l'aimais,
elle vient de perdre la mémoire
alors tout les jours,
au lever du soleil,
je dépose devant sa fenêtre
une lettre racontant
chaque instant que nous avons
passé.

Des souvenirs éparpillés.

Il lui a tant parlé des étoiles,
qu'elle garde constamment les yeux
fermés
jusqu'au jour levé.

La chute du ciel nocturne.

La première fois qu'il l'a vu, des étoiles dans les yeux, il a souhaité lui décrocher la lune. Naïvement pendant longtemps, il a essayé, la tête dans les étoiles. Il a failli y perdre pied, entre les galaxies, il a voyagé, mais jamais ne s'est échoué pensant toujours à celle qu'il aimait. Sur Terre, elle a tristement appris son départ anticipé, si elle avait su, elle lui aurait parlé pour lui expliquer que sans comprendre, elle l'aimait et qu'elle aurait souhaité l'accompagner n'importe où il allait.
Aujourd'hui patiemment, elle l'attend et toute sa vie si elle le peut qu'enfin elle puisse l'accueillir à son arrivée.

Un astronaute perdu dans l'espace.

La pluie recouvre mon corps
de la tête aux pieds.
j'ai levé les yeux pour lui demander
pourquoi échappes-tu des cieux ?
Les gouttes ruissellent sur mon
corps
effaçant les traces acides que
l'espoir déploie.
Quand je pourrai m'échapper de
leurs griffes, je m'envolerai, pourriez-
vous m'emmener ?

-Que fais-tu encore dehors, viens ici,
dépêche-toi.

J'erre l'âme vide
en te cherchant, je me suis perdue
et aujourd'hui je me demande
constamment :
qui suis-je ?

Départ non programmé

Si elle avait pu, elle l'aurait
attendu toute une vie et au-delà,
si elle avait pu mais on lui a
retiré la possibilité dont elle avait tant
rêvé.

il était la démence
elle transpirait l'espérance
voulant supprimer sa naïveté
il n'a rien trouvé de mieux que
brûler à vif : « Rêver ne rime à rien »
sur ma peau.

L'encre indélébile.

Les médecins m'ont assuré
que j'étais en vie,
j'étais persuadée d'être morte
il y a bien longtemps.

Bip, Bip, Bip,
depuis quand est-ce cette machine
branchée à tes bras qui me répond ?
Je regrette ce moment où il était
impossible d'écouter le silence tant
tu le comblais sans cesse.
Bip, Bip, Bip,
le souvenir de tes rires est imprégné
dans ton odeur fleuri
la beauté de ton sourire a illuminé
la chambre d'hôpital dans laquelle tu
t'obstines de dormir,
Bip, Bip, Bip,
je t'attendrai toute ma vie,
mais dis-moi,
reverrai-je ton regard ?
Elles ont trahi tout ce que je pensais
chez moi choisi, elles ont tout
mélangé et sont parties laissant
derrière elles cet immense bordel.

Trop de pensées.

Je ferme les yeux sous la couette,
j'attends patiemment que la lune
m'amène avec elle,
je commence à compter dans ma
tête
101,102,103
pas l'ombre de sa silhouette,
ne perdant pas espoir, je
recommence,
encore et toujours,
mais j'ai l'impression qu'elle m'a
oublié
c'est le soleil que je finis par
accueillir,
un visage noirci par mes cernes qui
s'agrandissent
et finiront sûrement par me plonger
dans l'oubli.

Que dois-je faire pour rêver rien
qu'une seule nuit ?

Aujourd'hui elle est partie,
elle a oublié
de récupérer les sentiments qu'en
vers
elle j'éprouvai.

Un poulailler bordait la maternelle
et un beau matin, il n'y restait plus
que des pâquerettes.
« Où sont les poules ? » me suis-je
inquiétée
« Elles se sont envolées » m'avait-on
indiqué.
Pourquoi ne m'avaient-elles pas dit
au revoir ?
Ou apprenons-nous à voler ?

Quand les poules ont des ailes.

Ça a sonné une première fois
mon cœur s'est douloureusement
noué
ça a sonné une deuxième fois
mon cœur s'est mis à
douloureusement trembler,
ça a sonné une énième fois
une larme sur ma joue a lourdement
dévalée
ça a sonné une dernière fois
mon âme s'est envolée au son de ta
voix,
récitant une nouvelle fois ton
prénom,
et peut être que j'appellerai encore
pour l'entendre une dernière fois,
aujourd'hui j'ai essayé dans l'espoir
que tu ne nous aies pas
définitivement quitté.

Ton répondeur.

Ils m'avaient hurlé dessus,
je n'avais rien entendu,
ils avaient crié aussi fort qu'ils le
pouvaient,
j'avais oublié de les écouter.
Ils m'avaient pris les épaules et les
avaient secouées une éternité.
Je n'avais pas bougé,
j'étais resté figé,
le corps immobile et glacé
aussi vivant qu'un cadavre
carbonisé.

Semblable à une statue.
Il a couru, aussi vite qu'il a pu,
il a couru, cherchant à remonter le
temps,
mais le retard était déjà pris,
il n'a pas arrêté, jamais,
ses pieds foulants le sol,
il a continué, jusqu'à s'en écrouler.

Elle la suppliait de la toucher
elles se désiraient
mais à chaque fois qu'elle
s'approchait
elles finissaient par se faner.

La pluie et les fleurs.

Il est parti avant même que je n'ai pu
l'apercevoir,
il est parti sans l'ombre d'un au
revoir,
je l'ai attendu, ce qu'il m'a semblé
une éternité,
j'ai attendu, le regard figé là où il
s'était envolé,
mon ventre s'est noué voulant
évacuer le stress que mes pensées
ne pouvaient gérer en priant pour
que ça fasse bientôt parti du passé.

Trajet de train.

J'entendais ton prénom sans cesse
ta voix résonnait si fort dans la pièce
j'écoutais ton répondeur sans arrêt
et quand il finissait, je
recommençais.
Le ventre noué, j'avais déjà vomi le
peu du déjeuner que j'avais réussi à
avaler. Je me tenais au bord du
gouffre et, si fort tu m'appelais, je
mourrais d'envie de sauter.

Le vide qui t'a remplacé.

Nous avions les bras entremêlés
lorsque nous avions vidé
d'une gorgée, ses verres au contenu
légèrement coloré
yeux dans les yeux,
mains dans les mains,
nous nous étions tout promis
et naïvement, bercée par la stupidité
je mettais attachée à cet ami
dont j'avais toujours pu compter.
Ma bouée il avait été
quand l'océan s'était déchaîné,
et en cette soirée, je dansais,
toute ma confiance j'avais misé
en l'être qu'il était,
j'en était persuadée, je l'aimais
de sentiments réciproques m'avait t'il
un jour avouée
pourtant quand la nuit était tombée
j'avais radicalement chuté et je me
doutais que l'arrivée n'aurait pas de
pitié,
sans me méfier,
il avait eu plaisir à me pousser
du haut de cette falaise étroitement
condamnée,
la haine et la honte n'avaient pas osé
m'achever

alors que je les avais implorées,
à en avoir le souffle coupé,
le corps brûlé et la tête explosée
comment pouvais-je me relever,
sentant encore sur mon corps
son toucher que j'avais tant essayé
de repousser.

Un pot de roses.

Mon corps n'a zéro trace,
ma peau est restée fragile et intacte,

M'as tu une seule fois observé ?
Dans quel état m'obstine-je à
demeurer ?

Blessures invisibles

J'ai serré ta main si fort pour ne pas
la lâcher
quand j'ai compris que ton regard
contredisait la promesse,
« Je vais rester », que tu ne cessais
de répéter.

Y cherchais-tu toi-même un soupçon
de vérité ?

Cette nuit encore une fois, j'ai rêvé
que nous n'ayons pas perdu cette
proximité,
au réveil j'ai tenté de replonger
dans cet instant que la nuit m'avait
accordé,
puis finalement la réalité m'a forcé à
avouer
que nous nous étions éloignés.

Si nous nous croisions, me
reconnaîtrais-tu ?
Si nous nous croisions, m'ignorerais-
tu ?

Ce dont l'avenir à oublier de me
prévenir.

Si j'avais su que c'était un adieu,
j'aurais couru te rattraper.
Nous voulions simplement découvrir
ce que c'était d'aimer et quand tu es
parti je me suis inquiétée du vide que
tu avais créé.

Tu es parti, qui étais tu ?
Un ami,
un collègue,
un amour,
un frère,
un pilier de l'environnement qui
m'entourait ?

En te cherchant toi, j'ai trouvé l'amour,
vas-tu l'emporter quand tu partiras ?

Je me tiens à la limite,
ma tête à moitié pleine,
mon corps à moitié vide,
et le verre comment est-il ?

Tu me manques avant que je ne t'aie rencontré.

J'ai marché au milieu des livres imprimés,
j'ai marché jusqu'à oublier où j'étais.
je me suis noyée entre les pages,
je me suis noyée entre les vagues,
et alors qu'il m'était impossible de continuer,
j'ai arrêté, pour toujours, de bouger.

Le piège des mots.

Je t'ai tant détesté
que j'en ai supplié(e)
de devenir amnésique.

Tu as été le premier
aucun de nous ne savez comment
aimer
mais nous avons persisté en pensant
y arriver.
Tu es le premier
et sûrement pour l'éternité,
le premier et quand on a su qu'il fallait
partir, qu'est-ce que ça a été difficile
partir quand on est persuadé de
pouvoir aimer,
persuadé que l'amour ne va pas
tarder à revenir,
persuadé que l'on ne pourra plus
aimer comme cette fois,
persuadé que plus personne ne
pourra nous aimer comme ça.

premier

Tu disais m'aimer si fort,
tu disais que plus tu m'aimais plus tu
me taperais fort.
Un soir, quand tu es rentré
tu n'as pas levé la main sur mon
corps.
Qu'ai-je fait ?
M'aimes-tu encore ?

Je ne pars pas parce que je ne t'aime plus,
je pars parce que j'ai besoin de me retrouver moi.

Bourgeon

Aujourd'hui j'ai souri à son souvenir, j'ai ri et dans l'euphorie toutes les fleurs ont fleuri, le soleil les a d'abord éclaircies pour ensuite les accueillir, j'en ai honteusement rougi devant ce spectacle magnifique qui m'a laissé voix fébrile, idiotement j'ai cru un instant que l'alchimie finirait par partir et les laisser sans vie. Que fut ma surprise quand j'ai compris que le soleil en était follement épris.

Il a couru et eux se sont envolés,
quant à elle, elle a rigolé,
laissant derrière eux un immense
vide,
il a eu affreusement peur qu'elle ne
s'arrête de rire.

Alors il a essayé de les rattraper,
inconsciemment un joli souvenir
gravé
mais comme seule preuve de leur
passage, il a trouvé :

quelques plumes grises
qui l'ont fait timidement sourire.

La course aux pigeons.

Est-ce trop tard pour changer ?

Pendant longtemps, je me suis détestée
je suis allée découvrir le monde en questionnant : comment fait-on pour s'aimer ?
Ils n'ont cessé de se répéter
mais aujourd'hui, je suis fière
d'affirmer : s'aimer est la plus belle chose qui puisse nous arriver.

Le combat contre nous même qu'il faut gagner.

Je l'aime et j'hurlerai de pouvoir le
crier,

pourquoi ne t'ai-je pas encore
dis à quel point j'étais éprise ?

Est-ce par peur que tu oublis de
m'écouter ?

Un jour, j'ai tourné le regard
et comme avec de nouveaux yeux,
j'ai pu accéder au monde.

Tourner la tête.

Lorsque je lui ai donné
comme nom « Absent », jamais je
n'ai pleuré. Son départ a permis que
je puisse me retrouver.

Changement de statut.

Ils étaient nombreux mais quand je les ai écoutés,
j'étais persuadée qu'ils ne faisaient qu'un.
Une inspiration, un battement de cœur,
une expiration, un message de valeur,
avant de commencer, ils l'ont regardé,
celui qui se tenait debout, les mains surélevées,
ils ont tous inspiré et quand elles se sont baissées, ils ont fait, sans se parler, en se contentant d'écouter.

A des points, à des lignes ; ils ont donné vie,
d'une simplicité qui m'en a sidéré.

Une poignée de musiciens.

Tu es la muse
que la vie
m'a laissé apercevoir.

Comment fait-on pour arrêter nos questions ?

Cette nuit, j'ai encore rêvé
de dormir dans tes bras,

peux-tu imaginer à quel
point je déteste me réveiller ?

Petite, je mélangeais
cailloux, herbes, fleurs,
terre, eau et feuilles,
jour de pluie
hiver de nuit
anorak kaki
cheveux emmêlés
et bottes plastifiées

sorcière.

Combien donnerais-tu pour retrouver
cette innocence enfantine ?

L'indécision m'a ordonné : grandis
sans oublier ce qui te rendait
 heureux étant petit.

J'ai compris que tout était possible
quand toi, un simple inconnu,
en un regard, m'a fait comprendre
que le mauvais temps dont
je cherchais à échapper était
à l'intérieur de ma poitrine.

J'aurai tant voulu,
longtemps j'ai essayé et alors
qu'autour
de moi, ils souriaient, ils riaient à ne
jamais
pouvoir s'arrêter, je restais figée à
les regarder
le visage comme glacé. M'était-il
possible d'exprimer la moindre
émotion ? M'étais-je multiple fois
questionnée.

Je voulais apprendre, alors un soir,
devant
mon miroir j'avais essayé de les
imiter
en vain, je m'étais retrouvée à
avouer que
jamais je ne sourirai, jamais je ne
rirai.

Et ainsi, des années s'étaient
écoulées,
puis un soir d'été, je m'étais
retrouvée devant
cette silhouette à moitié effacée, je
m'étais

rapprochée pour la distinguer et quand nos
regards s'étaient croisés, j'avais gravé à jamais
la sensation de mon visage,
une courbe sur les lèvres tracées,
prise d'un élan de panique face à l'euphorie
je m'étais doucement esclaffée,
tu m'avais timidement imité
et jamais je n'avais entendu plus beau
que nos deux rires mélangeant confusion et sincérité.

Odeur puante dont j'étais accro,
tissu troué que je ne cessais
d'abîmer
l'emmenant partout,
il avait récolté
poussière, saleté,
rires, pleurs et crasseté,
ces couleurs avaient
considérablement ternis
mais je l'aimais d'un amour infini.

Mon doudou.

Comment fait-on pour devenir parents ?

Te souviens-tu la première fois que
nos regards se sont croisés ?
Un simple jour d'été,
où je ne pouvais me douter que ma
façon de penser en serait
considérablement chamboulée,
tu m'as souri
mais mon corps était terriblement
statique,
je ne connaissais rien de toi et
pourtant je n'ai pu oublier ce simple
jour d'été.
Des mois je n'ai su l'expliquer,
je cherchai mes mots mais ils
m'avaient été arrachés.
Par peur d'oublier j'ai feuilleté dans
de multiples cultures quelqu'un qui
aurait réussi à les qualifier.
J'ai tant désiré et plusieurs fois
touché du bout des doigts les mots
que je cherchais.

Toi aussi les as-tu cherchés ?
Toi aussi les as-tu trouvés.

Je ne veux rien recommencer,
j'ai appris,
j'ai compris,
je veux continuer.

Ta tête s'inflige ces propres barrières. Qu'attends-tu pour tout enlever et vivre ?

Rejoins-moi,
Arrête de réfléchir
tu es le seul que j'attends.

Un pétale s'est détaché,
dans l'air il a flotté avant de tomber
sur le bout de son nez,
de son jeune âge, il a regardé sans
oser bouger.
Le regard figé par peur qu'il ne
finisse par s'envoler.
En face, elle a rigolé,
immédiatement ses joues se sont
teintées et pour qu'elle ne s'arrête de
rire,
il a essayé de rattraper toutes les
fleurs que le vent avait emportées.

Que fut ma surprise
quand toi aussi tu les as appelés
Papa, Maman,
Un petit frère !
Comment voulez-vous rester énervé
quand inconditionnellement vous
l'aimez.

Le temps défile si vite qu'il en marque mon corps et emporte les nuances de mes cheveux à son passage.

Elle s'était allongée dans l'herbe quand je l'avais, pour la première fois, aperçue.
Ces joues étaient trempées, alors j'avais couru,
au plus vite j'étais revenu,
une petite fleur jaune dans les mains.
« j'ai les pensées emmêlées » m'avais-tu timidement avouée.
Tu avais pris la fleur et déposais un bisou sur ma joue.
Au fil des années, je t'en avais ramené de nombreux bouquets.
Puis, les décennies ont coulé bien trop vite,
nombreuses fois j'ai essayé de les en arrêter.
Maintenant que tu m'as quitté,
je te vois dans les jardins, parcs, paysages, forets,…
et tu peux être sûr que jamais ils ne t'appelleront « oublié ».

Bouton d'or.

Plus rien n'est,
tout a changé,
confettis, masques, costumes,
lui il rigole,
et sans que je le vois
ouvre ses mains
remplies de morceaux de papiers
colorés
qui quelques secondes après,
finiront dans mes cheveux emmêlés

Carnaval.

J'ai les joues écarlates
quand je croise ton regard puis je
souris idiotement
quand je vois tes lèvres rouge sang
et que je regarde maladroitement
pour finir dans tes yeux perçants.

Tes yeux gourmands détaillent
chacune de mes courbes tracées
mon visage, mes joues vermeilles
nos respirations s'accélèrent
plus rien n'existe, même l'air
réside seul, nos yeux, nos mains
liées.

Une palette de rouge.

Je ne veux rien oublier
et s'il le faut je relirai
tous les soirs le chapitre
de notre histoire.

J'ai tourné la page sans pour autant avoir réussi à écrire la suite du livre.

J'aurais voulu voler comme elle,
respirer hasard et vitesse
tout en gardant sa maladresse
quand elle vole des ses propres
ailes.

Abeille.

Tout d'abord qu'un seul bruit
le clapotis de la nuit
ce galet bleu azuré
vient traverser la fumée

ces vagues pastel
se mélangent au ciel
pour devenir bleu sarcelle

je sors de mes rêves agités
le ventre noué, la peur ancrée
la respiration saccadée
et encore les mains très serrées

quand je les ai enfin trouvés
les joues fortement tintées
nos mains liés idiotement
je me noie maladroitement.

Le bleu causera ma perte.

Où apprenons-nous à aimer ?

Soif de savoir

Changer pour mieux continuer ?
N'est-ce pas ce dont tu as toujours
rêvé ?

Il pleut,
il fait pas beau, et pourtant on
m'avait promis
que le négatif avait pris la fuite.
Comment se fait-il qu'encore il
s'obstine à rester ?

J'ai pris le métro,
il faisait beau,
je viens de sortir avec la pluie
semblable à l'océan.

Ai-je voyagé dans le temps ?

Pour toi, je prendrai
le risque d'essayer,
Pour toi, je prendrai
le risque d'y arriver,
Pour toi, je prendrais
le risque d'aimer.

Pour toi

combien de fois les ai-je croisés ?
Combien de fois ai-je évité leur
regard ?
Marchant, en accélérant à leur
niveau.
Cette fois-ci, je me suis arrêtée
ne laissant plus les excuses me
défiler.
Je les ai écoutés, me parler,
nous avons rigolé et je me suis
promis de ne plus jamais les ignorer.

Les gardiens des rues.

Ses mains tremblent en face de moi-
même
à quoi est-il en train de penser ?
quatre, quatre yeux sont tournés
vers lui.

Il n'est pas comme tout le monde
il est affreusement différent
mais terriblement resplendissant
et ça en est déstabilisant.

Il redouble ses tremblements et le
double de regards se tournent vers
lui.

Il n'a pas l'air à l'aise
alors que chaque courbe,
tous les traits de son corps ont été
parfaitement tracés.

Je suis persuadée que c'est la lune
et le soleil,
qu'ils l'ont eux-même modelé.

On m'a demandé :
« Qu'est ce qui te fait tant sourire ?
- le printemps. » ai-je répondu.

Es-tu le printemps ?

Laisse-moi le temps
de réussir,
mais je te promets
j'y arriverai.

L'histoire de quelques jours.

Floraison

.

J'aime le reflet du coquelicot
que tu tiens dans tes mains
sur tes joues.

Ombres entre les draps froissés
Respirations entremêlées
Parfums mélangés
Regards échangés
Pourrions-nous un jour nous en
lasser ?

Je veux recommencer et tout
redécouvrir sans devoir
te quitter du regard.

Il passait tous les jours,
et dès l'aube je l'attendais,
entre ses mains, les mots
qu'impatiemment je désirais
parce qu'il les avait écrits,
arraché de ses pensées,
pour les graver sur ces feuilles de
papier.

Entre les fleurs, je lisais,
profitant de l'instant où malgré
la distance, il arrivait à perturber
l'environnement qui m'entourait.

Dans l'enveloppe, il avait glissé
un coquelicot que mes joues
s'étaient empressés de refléter,
et dans mon regard il avait
réussi à déposer des étincelles
que la nuit n'avait jamais
empêché de briller.

Tu as chassé l'orage
dans mon cœur pour y faire résider
le soleil
à la vue de ton simple sourire.

Nos pensées froissées,
Nos draps emmêlés,
n'est-ce pas ce que ton regard ne
cesse de me hurler ?
Combien de fois as-tu voulu
m'embrasser ?
Combien de fois en ai-je rêvé ?

La première fois que nous nous
sommes rencontrés
« je suis une femme » m'as-tu
affirmé.
Tu sentais la force et le courage,
tu transpirais ton corps et ton visage
et la fierté en avait marqué les traits
sous son passage.

« je suis une femme »

pourquoi au milieu de la foule,
l'alcool coulant dans mon sang
c'est encore à toi que je pense ?

La musique dans les oreilles
mon corps qui danse en éveil
mais c'est ton regard que je cherche.

Comment se fait-il ? Qui es-tu ?
Comment as-tu fait pour autant me
marquer ?

Il avait la tête dans les nuages,
elle avait des étoiles pleins les yeux
quand l'astre solaire les a vus
il leur a promis la lune.

Lui et elle.

Les taches de couleurs dans le ciel
explosées,
J'en avais les yeux écarquillés,
Et sous les bruits des fusées,
Je voyais mes pensées danser

Feu d'artifice

Règles, poils, dents désorganisées,
ventre, cuisses, bourrelets,
transpiration, vergetures, cellulite,
bonnet A,F,C,…
nous sommes magnifiques.

Champ lexical de la beauté.

Je te promets de ne jamais abandonner,
je te promets que nous allons nous retrouver.

L'éclipse.

Elle est emportée par l'océan,
nageant entre les vagues elle ne se
noie pas,
son corps lui, danse entre les étoiles,
elle s'est transformée, l'univers est à
ses pieds,
respirant les fleurs, transpirant le
soleil,
elle danse sans jamais s'arrêter.
aujourd'hui, elle brûle de passion
pour elle.

Éprise d'euphorie.

la foule est si compactée
que de nombreuses fois je me suis
demandée,
Comment ne m'étais-je pas encore
noyée ?
Pourtant des milliers sont agglutinés,
entassés,
autour de la musique qu'ils
s'obstinent à respirer.
Aux couleurs blanche et rouge qu'ils
s'attardent à respecter. L'adrénaline
ne cesse de nous consumer, nous
emporte
nous fait chanter, danser, aimer,
et pour la première fois j'ai
l'impression d'incarner la liberté.

Les fêtes de Bayonne.

Pourquoi j'aime quand tu ne cesses
de répéter en boucle mon prénom ?

Pourquoi j'aime quand tu n'arrives
pas décrocher ton regard du mien ?

Est-ce l'heure où enfin, je peux dévorer tes lèvres jusqu'à ne plus pouvoir respirer ?

Combien de fois me suis-je noyée
dans ton regard ?

Combien de fois t'es-tu noyé dans mon regard ?

J'ai pris des risques, j'ai échoué mais
je me suis relevée,
je me le suis promis,
je peux y arriver,
j'y arriverai.

Détermination.

Rejoins-moi
au bord de la plage,
allongés sur le sable,
face aux vagues,
observant les étoiles.

Je t'attends.

Ton regard est la cause du coup de soleil sur mes joues,
mais j'aime tant bronzer de ton sourire.

Nous nous étions frôlés par
maladresse,
par hasard un soir d'ivresse
alors que je rêvai de savoir qui tu
étais
tu te faisais un plaisir de jouer de
cette proximité que nous avions
échangé.

Ce n'est que trois fils colorés
et pourtant, ils semblent nous lier
un bleu, un blanc, un violet,

d'une certaine façon nous sommes
là,
on se soutient quoi qu'il arrive,
la nuit, le jour et au-delà,
je tiens à toi à en être ivre.

Bracelet.

Ton parfum est ma couleur préférée.
Ton toucher est mon odeur préférée.
Tes yeux sont mon contact préféré.

Écrit pour ne rien oublier,
danse pour te laisser aller,
pleure pour évacuer,
et finit par sourire
quand ce n'est remplie que
par la sincérité.

Comment ne pas être fière
d'être la fille des parents
les plus courageux ?

J'aime quand tu prononces mon prénom,
il sonne plus vivant quand c'est toi qui le dit.

J'ai enfin compris que tu n'es pas
l'amour.
L'amour est partout,
même à l'intérieur de moi,
il suffit juste de ne pas fermer les
yeux dessus.